W0339493

Le fauteuil de Valentine.

levergerdeshesperides@hotmail.fr
www.editionslevergerdeshesperides.com

19, rue du grand verger
54000 Nancy

Loi n°49-956 du 16 juillet 1949 sur les publications destinées à la jeunesse, modifiée par la loi n°2011-525 du 17 mai 2011.

Isbn : 978-2-36587-215-7

collection
HUMANISTES
EN VERVE!
Benjamin

Christine RENAUDIN

Illustrations Julie STEIN

Le fauteuil de Valentine.

Pas comme toi, et alors!

Le Verger des Hespérides

Attentive à l'image que lui renvoie son miroir, Valentine lisse ses longs cheveux noirs avec la jolie brosse que lui a offerte sa tante Marie pour Noël. Elle se tourne de profil pour juger de l'effet produit par le serre-tête rouge qu'elle vient de glisser.

Car Valentine est fière de ses cheveux soyeux et brillants qui enveloppent ses épaules comme une cape douillette.

Un dernier coup d'œil la rassure. Son visage ne laisse pas deviner l'angoisse qu'elle ressent depuis quelques jours. Elle parvient même à grimacer un sourire.

Enfin, elle appuie sur le bouton de l'accoudoir de droite de son fauteuil pour le faire pivoter et sortir de sa chambre.

Lorsqu'elle avait six ans, Valentine a attrapé une drôle de maladie : la myélite.

Elle n'aime pas se souvenir de cette période, car tout était douloureux : le corps et les pensées. Maintenant, elle a neuf ans et elle sait que cette maladie l'a plantée là, dans ce fauteuil, avec deux jambes inutiles.

Elle a appris à vivre assise avec des rééducateurs et des kinésithérapeutes, deux mots compliqués qu'elle ne connaissait pas, dans une école spéciale pour les enfants handicapés. C'était parfois drôle quand les garçons faisaient des courses de fauteuil dans le couloir et c'était parfois triste de se voir tous incapables d'être debout ou marchant comme

des pingouins (c'est Maëlle qui avait trouvé cette comparaison et cela avait fâché sa copine Jessica).

Mais, aujourd'hui est un jour très particulier. Aujourd'hui, Valentine change d'école. C'est son premier jour dans la classe de CM1 de l'école de son quartier, là où elle aurait dû aller si elle n'était pas tombée malade. Hier, elle a fait la connaissance de Coralie, une jeune femme qui va rester avec elle pour l'aider.

– Tu es prête Valentine ? demande

maman en entrant dans la chambre.

Maman a un petit accent italien qui donne l'impression qu'elle fredonne en même temps qu'elle parle.

– Oui, maman. Coralie est là ?

– Elle t'attend dans l'entrée. Ne te fais pas de souci, ça va aller ma chérie, poursuit maman en s'approchant et en lui caressant les cheveux. Papa et moi sommes vraiment contents pour toi.

Valentine ferme les yeux et respire le parfum vanillé

de maman pour se donner du courage. Ses sentiments sont partagés. Elle est contente d'aller dans « son » école car c'est comme une petite vengeance sur le handicap, mais en même temps, elle est triste de ne plus voir ses amis. Et surtout, elle redoute le regard des autres enfants. Comment vont-ils se conduire avec elle ? Vont-ils lui parler ? Jouer avec elle ? Vont-ils la laisser dans un coin ? Ou pire, vont-ils avoir pitié ?

Cela, Valentine ne le supporterait pas. C'est assez des regards et des chuchotements qu'elle surprend dans la

rue ; les dames surtout qui murmurent :

– Pauvre petite, si ce n'est pas malheureux !

Coralie est là, toute jolie dans sa robe bleue assortie à ses yeux. Elle a les cheveux blonds et très fins, un sourire comme une lumière.

– Ce serre-tête te va à la perfection, lui souffle Coralie en l'embrassant. Tu es prête ? On y va ? Il ne s'agirait pas d'être en retard le premier jour !

– On y va, répond Valentine d'une petite voix.

Maman se baisse pour lui souhaiter une bonne matinée et c'est parti !

L'école n'est pas loin. Comme il fait beau, elles ont décidé de ne pas prendre la voiture. Le moteur du fauteuil ronronne et Coralie, qui adapte son pas à la vitesse des roues, doit un peu trotter.

– Coucou Valentine !

C'est Monsieur Richard, le voisin, qui ouvre seulement ses volets ! Valentine lui fait signe de la main et lui sourit... un peu crispée.

On voit maintenant la grille de l'école. « Pourvu que je n'aie pas envie de faire pipi tout de suite ! » s'inquiète Valentine.

Lorsqu'elle entre dans la cour, tous

les regards se tournent vers elle. Elle s'y attendait mais elle a subitement envie de repartir, de retrouver ses anciens amis, d'être comme les autres.

Heureusement, Coralie sait ce qu'il faut faire.

– Bonjour tout le monde ! s'exclame-t-elle en s'adressant aux enfants qui se sont attroupés autour du fauteuil. Je vous présente Valentine. Moi, je suis Coralie...

– Oui, on sait, l'interrompt un petit

blond. La maîtresse nous a expliqué. La voilà ! C'est Madame Mercier.

La maîtresse semble toute jeune. Elle a la peau mate et de grands yeux bruns. Elle serre la main de Coralie et dépose un baiser léger sur la joue de Valentine.

– Bonjour, nous vous attendions. Bienvenue dans notre école, Valentine. Dans « ton » école ! Les enfants, mettez-vous en rang, c'est l'heure de rentrer en classe.

En rang ? Comment faire ? A côté de qui se placer ? Valentine jette un regard perdu à Coralie qui lui fait un signe de tête en direction de la file qui commence à se former. En même temps, elle sent une main sur son épaule et se retourne.

– Je m'appelle Alice, lui dit une petite fille un peu boulotte. Tu veux te mettre en rang avec moi ?

Valentine surprend le regard qu'échange Alice avec deux autres filles qui sont déjà devant la porte de la classe. « Elles ont dû arranger cela entre elles », pense-t-elle. Bon, elle ne va pas commencer à se compliquer la vie.

– D'accord.

Alice hésite :

– Je dois pousser ton fauteuil ?

– Non, regarde, il est électrique et je peux me débrouiller toute seule.

Valentine appuie alors sur le bouton et le fauteuil se met en route.

– Et pour tourner, tu fais comment ?

D'autres enfants se sont approchés et la belle rangée est toute désordonnée. La maîtresse discute avec Coralie, elle semble n'avoir rien remarqué.

Valentine rougit un peu d'être le centre

d'intérêt mais elle montre comment tourner, s'arrêter, reculer...

– Cool ! s'écrie malgré lui un garçon de la classe. Puis, il se mord les lèvres, soudain conscient de la portée de son exclamation.

– Tu es vraiment nul, Morgan. Tu crois que c'est drôle d'être dans un fauteuil ? lui demande une des copines d'Alice.

Il n'a pas le temps de répondre, la maîtresse a frappé dans ses mains et il faut rentrer maintenant ; seule leur classe est encore dans la cour !

Une rampe inclinée mène jusqu'à la salle de classe et Valentine peut entrer facilement. En voyant une table d'où la chaise a été retirée, elle devine avec un pincement au cœur qu'il s'agit de la sienne. Coralie s'installe à côté d'elle.

La maîtresse ramène l'attention vers elle car tout le monde regarde Valentine comme si elle était un oiseau rare.

– Prenez vos cahiers de français, demande-t-elle. Valentine, je vais te donner la feuille d'exercices que nous allons corriger. Puis, nous en ferons une autre et je pourrai voir où tu en es.

Coralie lui serre la main sous la table. La grande peur de Valentine était de commencer par des mathématiques ! En français, elle a de bonnes notes.

De temps en temps, elle sent un regard peser sur elle. Dans son autre école, personne ne dévisageait personne. Tous les enfants étaient pareils : ceux comme elle qui se déplaçaient en fauteuil et les autres, qui marchaient comme ils pouvaient, avec un curieux balancement du corps. Alors, ils pouvaient rire, se disputer, être amis ou se critiquer, jouer ensemble ou s'ignorer.

Ici, c'est différent. Valentine se sent subitement à part. Elle est la seule à être handicapée, tous les autres se tiennent bien debout, sur leurs deux jambes. Ils la regardent par en-dessous en se posant sans doute plein de questions auxquelles elle n'a pas envie de répondre.

Soudain, tous ces yeux attirés vers elle deviennent trop lourds, comme un manteau gorgé de pluie. Elle a du mal à respirer et empoigne la main de Coralie.

– Emmène-moi aux toilettes s'il te plait, lui chuchote-t-elle.

Coralie a compris. Après avoir fait un signe à la maîtresse, elle précède Valentine qui quitte la salle de classe, entourée du ronron du moteur et suivie par vingt paires d'yeux.

Et là, les larmes coulent toutes seules.

– Coralie, je veux rentrer à la maison. Je ne veux plus qu'ils me regardent comme cela !

Coralie réfléchit. Elle ne sourit plus et elle repousse la mèche de cheveux blonds qui lui barre la figure.

– Je peux te proposer quelque chose ? demande-t-elle enfin.

Valentine renifle et fait signe que oui.

– Je pense que les autres te regardent car ils se posent des questions. C'est sûrement la première fois qu'un enfant en fauteuil vient dans leur classe et, pour eux, tu es différente. Alors, ils se demandent comment tu vis, comment tu joues, ce que tu aimes, si tu peux être leur copine ou pas... Tant qu'ils n'auront pas les réponses, ils seront trop curieux pour te considérer comme... et bien comme une élève de leur classe.

– Qu'est-ce que je peux faire alors ? sanglote Valentine. Ce n'est quand même pas de ma faute !

Et toute l'injustice de son handicap lui arrive dans la tête. Elle en a beaucoup parlé avec des psychologues et des rééducateurs, mais, parfois, cette grosse colère revient et lui donne envie de tout casser !

Coralie lui prend le visage entre les mains.

– Je ne te connais pas depuis longtemps

Valentine mais je sais que tu es le genre de petite fille qu'on rêve d'avoir pour amie. Il faut juste les rassurer. Ils ont peur de ce qu'ils ne connaissent pas. C'est toi la plus forte. Alors, si tu veux, on va passer un peu d'eau sur ton visage et remettre ton joli serre-tête en place puis, on retournera en classe et je demanderai à Madame Mercier si je peux faire un petit jeu avec toute la classe, un petit jeu pour apprendre à se connaître. Tu es d'accord ?

– D'accord, répond Valentine en faisant un gros effort.

Lorsqu'elles reviennent, l'exercice est

corrigé et, avant que Madame Mercier ne donne la feuille suivante, Coralie lui fait part de son idée.

Elle trace alors des colonnes au tableau, en haut desquelles elle écrit :

- Aime lire.
- Aime regarder la télévision.
- Aime cuisiner.

- Joue d'un instrument de musique.
- A des parents ou des grands-parents étrangers.
- Possède un animal.

Les enfants regardent sans rien dire. Valentine sourit, elle a compris.

– Bien, dit Coralie, et merci maîtresse de nous laisser faire ce petit jeu ! Je suis sûre que vous pensez vous connaître tous mais en réalité, il existe plein de choses que vous ignorez les uns des autres. Et ce petit jeu permettra à Valentine de vous connaître et à vous d'en savoir plus sur elle. Commençons ! Qui aime lire ?

Des doigts se lèvent, d'abord timides. Coralie demande le prénom de chaque enfant et aussi ce qu'il aime comme lecture.

Valentine aussi lève le doigt : elle aime

lire les bandes dessinées. Elle s'aperçoit que c'est le cas de deux garçons. Ceux qui aiment cuisiner préparent surtout des gâteaux au chocolat avec leur maman. Valentine n'ose pas dire qu'elle adore confectionner des « vraies » pâtes avec la sienne, des pâtes comme on fait en Italie.

– Qui a des parents ou des grands-parents qui viennent d'un autre pays que la France ? demande Coralie en regardant Valentine.

– Moi ! crie immédiatement une petite fille à la peau noire nommée Oumi.
Mes grands-parents sont burkinabés.

– Sont… quoi ? demande la moitié de la classe.

Madame Mercier s'empresse de montrer sur la carte du monde où se trouve le Burkina Faso.

– Et toi, Valentine ? demande en souriant Coralie.

Tout le monde la regarde, étonné. Valentine reprend sa respiration :

– Ma maman est italienne...

– Moi aussi ! la coupe un garçon au sourire éclatant. Elle s'appelle comment ?

– Luisa...

– Ma mère aussi ! Et moi c'est Antoine, mais on m'appelle Tonio et...

Tonio devient tout rouge quand il s'aperçoit que tous les autres le regardent en riant.

Madame Mercier rappelle les élèves à l'ordre et on continue. Tout le monde est surpris : dans la classe, deux enfants ont de la famille italienne, trois ont des parents turcs et Hassan est marocain. Il y a aussi Laura dont la grand-mère est allemande. Et puis Oumi, avec ce pays au nom bizarre !

La maîtresse remercie Coralie puis elle montre tous les pays sur la carte. Et soudain, son visage s'éclaire :

– Je viens d'avoir une idée... (et elle attend un peu pour ménager son effet). Nous pourrions organiser un goûter où chacun apporterait ce qu'il sait cuisiner.

Ceux qui connaissent des plats étrangers nous les feraient goûter, qu'en pensez-vous ?

– C'est obligé que ce soit sucré maîtresse ? demande Alice après avoir levé le doigt. Parce que Tonio et Valentine pourraient faire des pizzas !

– C'est entendu, on pourra apporter des plats sucrés ou salés. La maîtresse regarde sa montre et signale que c'est l'heure de la récréation.

Tonio s'approche de Valentine et ils commencent à parler de cappelletti, conchiglioni, fiorentine...* avec des yeux gourmands. Un groupe d'enfants les entoure, silencieux, puis Oumi s'exclame en riant :

– Vous ne parlez pas comme nous, tous les deux ! Mais, moi aussi, je

* Cappelletti, conchiglioni, fiorentine sont des pâtes italiennes.

connais des noms de plats : le dégué*, le tô*...

– Et moi j'ai un paquet de petits beurres dans mon sac, quelqu'un en veut ? demande Morgan, qui a envie qu'on s'intéresse aussi à lui.

Le paquet est rapidement vidé. La bouche pleine de miettes, les enfants

* Le dégué est une sorte de yahourt.
* Le tô est une pâte accompagnée de sauce.

essaient de répéter des mots italiens que leur apprennent Valentine et Tonio. Parfois, ceux-ci inventent un mot qui n'existe pas et ils se regardent d'un air complice en éclatant de rire, à la grande stupéfaction des autres qui se sentent un peu à part !

Lorsque la cloche indique que c'est l'heure de retourner en classe, tous les enfants se dirigent en courant vers leur classe. Valentine reste alors un petit moment toute seule, un peu déconcertée.

Puis, elle met le moteur du fauteuil

en route pour rejoindre Coralie qui l'attend à côté de la maîtresse. Tout le monde est en rang et Valentine s'arrête au bout de la file. C'est dur de voir les autres bien campés sur leurs deux jambes, de savoir qu'ils peuvent marcher, courir, sauter sans même se poser la question.

Elle lève la tête vers Coralie qui lui fait un clin d'œil. Elle sait qu'elle sera bien dans cette classe mais que ce sera toujours plus difficile pour elle que pour les autres d'avoir des amis.

Soudain, Tonio se retourne et lui fait un grand sourire. Valentine oublie

tout pour ce petit rayon de soleil italien
qui lui fait chaud au cœur.

Dans la même collection :

Pas comme toi, et alors!

Alex et l'arbre maison - Les petites notes de Béranger - Bravo Anna
Charles n'a pas d'amis - Les mots de Feng - Théo a deux mamans
Clément n'a plus de maman - Lili a deux maisons.
Christine RENAUDIN, Illustrations Julie STEIN

collection Humanistes en verve !

Il était une voix... les Mascarons - Michel CAFFIER, Illustrations Damien FRAULOB, Juliette LAUFFET, Marie Elisabeth LEGOUX, Julien SCHWINDENHAMMER

Internautes de compagnie - Geneviève TURLAIS, Illustrations Laurence SCHLUTH

Le goût des glaces - Anne POIRE, Illustrations LES GUALLINO

Le Perce-Gourou - Monique LEVY, Illustrations Arnaud CAYUELA

Les Histoires du P'tit Nikholaf - Charles GABAUDE, Valéry RAYDON, Illustrations Valéry RAYDON

M'aime pas mal - Geneviève TURLAIS, Illustrations Les enfants de l'école du Coteau

Plumes de vies - Isabelle GUIGOU, Illustrations Sandra POIROT-CHERIF

Racines de sable - Isabelle GUIGOU, Images : Véronique LAGNY DELATOUR

Un croissant de lune dans un bol de café noir - Patrick BOUSQUET, Illustrations Arnaud CAYUELA

Bonjour galère - Isabelle GUIGOU, Images : Hélène KAH et Véronique LAGNY DELATOUR

Attila,le chien qui avait une vocation de guérisseur - Casimodo, le chien qui était garanti féroce - Petit Filou, le chien qui savait lire le journal - Patou, le chien qui ne servait à rien Samy, le chien qui était complètement idiot - Tim, le chien qui savait choisir ses amis -
Claudie DARMEL, Illustrations Arnaud CAYUELA

Le remplaçant - La visite médicale - La sorcière du frigidaire - Un bruit de tonnerre - Toute seule à la maison - Sous le lit de Sylvaine - Jeanne TABONI MISÉRAZZI, Illustrations Audren BURATI

Vivre en corps - Geneviève TURLAIS, Illustrations : Valérie VOYER

Enfance volée - Elodie PIERRON

Papi Jeannot - Anne POIRÉ, Illustrations : Laurence SCHLUTH

Les trois rêves de Linh - Danièle VOGLER, Images Danièle VOGLER et Véronique LAGNY DELATOUR

Conception graphique et mise en page :
Mylène GOEPPNER
contact@1000ng.fr / www.1000ng.fr

Relecture : Aleth PERREY
Editions le Verger des Hespérides
Dépôt légal : mai 2015

Isbn : 978-2-36587-215-7

Imprimé par Artigrafiche, Rome.